तकनीक, विश्वास प्रणाली, और अर्थ भी शामिल होगा. Maladaptive विकास अनुभव अपनी उपस्थिति का पता, और एक बार हल रोगी के पीछे मुद्दे डाल करने के प्रयास में, इस मुद्दे से भिड़ने के माध्यम से पता होगा. REBT के समान साफ तर्क व्यक्ति का विश्वास प्रणाली का पुनर्गठन कर सके. REBT की तार्किक तर्क के साथ मिलकर Logotherapy अर्थ की एक बेहतर समझ पाने में व्यक्ति की सहायता करेगा. तीन आयामी उपचार एक उत्पादक और स्वस्थ तरीके से अतीत, वर्तमान और भविष्य के व्यक्ति की समझ को पुनर्गठित करने में मदद मिलेगी. इस दृष्टिकोण के माध्यम से, एक व्यक्ति, एक मुद्दे का सामना मुद्दे पर काबू पाने, और वह या वह अनुभव करता परिवर्तन उन्हें अंत में एक बेहतर इंसान बनना होगा कि समझ सकते हैं.

व्यक्तित्व विकास

एक स्थयी तरीके से एक व्यक्ति के जीवन की गुणवत्त में सुधर करने के लिए, एक व्यक्ति जीवन भर क अनुभव है कि मनोवैज्ञनिक भग्य पूर्ववत करने की अवश्यकत होगी. यह व्यक्तिगत अनुभव किय है और जीवन को प्रभवित उनके विचर सतह के लिए लय जन चहिए कि कैसे संकट ऐस करने के लिए. एक व्यक्ति को अपने वतवरण से बंद निर्वात में दुनिय के बरे में उनकी समझ को विकसित नहीं करत है. परिवर, दोस्तों, अजनबी, और अन्य व्यक्तियों के सथ उनकी बतचीत व्यक्ति को अकार. स्वयं और दुनिय के सथ बतचीत की अवधरण (LACHMANN, 2004) जीवन में विभिन्न चरणों में

होने वले संघर्ष के मध्यम से समय के सथ विकसित कर रहे हैं.

समज में एक व्यक्ति के विकास की व्यख्य करने के लिए, मनोसमजिक चरण सिद्धंत यह विकास क एक संरचित और कलनुक्रमिक दृष्टिकोण प्रदन करत है. एक व्यक्ति कार्यवही चरणों और संकट (Atalay, 2007) के मध्यम से चल जत है के रूप में अठ मनोसमजिक चरणों के मध्यम से विकास की जंच में एक चरण में एक विफलत हनि बनत है. उदहरण के लिए, पहले चरण में कुंठ क अनुभव करत है जे एक व्यक्ति के छठे चरण में कठिनइयों क अनुभव होग. व्यक्ति पहले चरण में सफलतपूर्वक भरोस करने की क्षमत विकसित नहीं करत है, तो वह छठे चरण के दौरन पर्यप्त अपने सथी पर विश्वस करने में सक्षम

नहीं उनके सथ अंतरंग होने के लिए होग. इसी तरह, जल्दी में ब्हन किय गय है जे एक व्यक्ति को अवसद की अरे ले जएण जे बद में निराश का अनुभम हो सक्त है.

व्यक्ति के किसस के विचर में, व्यक्ति वर्तमन में संघर्ष कर रही है, जे सथ मंच संयोजन में पिछले चरणें की एक संख्य य एक ही मंच से प्रभक्ति हो सक्त है. यह चित का विषय जीवन की उपलब्धियें के बरे में है, ते पुराने रिश्तें य generativity चरण में किल्त रह है के सथ सैवें अगर उवाहरण के लिए, निराश चरण बनम अंतर अखंडत में एक व्यक्ति द्वरा अनुभम है कि अवसद अंतरंगत चरण के सथ अनुसुलझे मुद्वें से अवसद का अनुभम हो सक्त है. इसके अलव, विश्वस चरण के दैरान maladaptive अनुभवें अमे ही जीवन (Korte,

Bohlmeijer, Cappeliez, स्मित्त, और Westerhof, 2012) के बरे में अपने खुद के फैसले पर भरोस करने के लिए व्यक्ति की इच्छ को प्रभवित किय ज सकत है. बुजुर्ग ग्रहकों के अलव, एक व्यक्ति के जीवन के बरे में एक समीक्ष भी आयु वर्ग के एक किस्म के सथ maladaptive अनुभवों क निर्धरण करने में उपयोगी है. उदहरण के लिए, उद्योग मंच के सथ संघर्ष कर रही है कि एक व्यक्ति को भी अपने दम पर बतें करने के लिए प्रयस करने के बरे में उत्सुक करने के लिए उन्हें पैद कर रह है कि स्वयत्त चरण में कठिनई क अनुभव हो सकत है. व्यक्ति के अतीत की जंच जब हशिए पर ज रही करने के लिए विरोध के रूप में, युवओं में विकस मनोसमजिक चरण सिद्धंत में प्रसर दिय जत है. कि जीवन (Douvan, 1997) की जंच की है जब भले ही अनुभव

किय गय है कि जीकन की लंबाई क एक बड़ सैद प्राप्त किय ज सके.

Maladaptive प्रक्रिय को बदलने

व्यक्ति अपने जीकन के पाठ्यक्रम पर विकसित किय है कि बेकार दृष्टिकोण से समझने के लिए शुरू होत है, एक maladaptive प्रक्रिय व्यक्ति के जीकन को बेहतर बनने के सथ बदल गय है य coped ज सकत है कि तरीकों क पत होन चहिए. संज्ञनत्मक दृष्टिकोण मनोसमजिक विकस के पूर्व और मौजूद दौर के दौरन कुंठ य विफलत के प्रभव को कम करने के लिए व्यक्ति के नजरिए को बदलने की प्रक्रिय अग्रिम कर सकते हैं. वजिब भवनत्मक व्यवहर थेरेपी तर्कहीन विश्वस प्रणली में खलल न डलें में एक उपयोगी दृष्टिकोण के रूप में कार्य

करत है. REBT प्रभवी रूप से व्यक्ति में परिवर्तन के दो विभिन्न प्रकार के उत्पादन करत है. परिवर्तन के पहले प्रकार एक व्यक्ति के विचार की एक विशिष्ट दर्शन में एक परिवर्तन है. परिवर्तन के दूसरे प्रकार के बदलाव की एक समन्य परिवर्तन है कि कैसे एक व्यक्ति के कार्यें मनोवैज्ञानिक (Dryden और डेविड, 2008). तर्क और विशिष्ट तर्कहीन दर्शन बनाने के लिए विकसित किय है कि कनेक्शन स भिड़ने में, अस्वस्थ मन्यताओं अस्वस्थ मन्यताओं स अलग हो सकत है. वर्तमान मन्यताओं के व्यक्ति के विकास और इतिहास की समीक्ष के मध्यम से, चिकित्सक वे युक्तिसंगत य संकट की उनकी समझ धूमिल कर सकत है कि मयनों में ग्रहक प्रत्यक्ष कर सकते हैं.

र्तकहीन विचारों में खलल न डालें की प्रक्रिया के दौरान, impairments ग्राहक वह महसूस करने के लिए आ गया है कि या वह पूर्व संकट अवसर करने के लिए भाग लिया जाना चाहिए से से प्रभावित किया जा रहा है. उदाहरण के लिए, विकासशील रिश्तों के साथ संघर्ष कर रही है कि एक ग्राहक वापस अपने ध्यान में वापस लौटने की उनकी असंगत चरण के विषय में तर्कसंगत के कुछ समझने के लिए अक्सर मुद्दों पर भरोसा करना पड़ सकता है. चिकित्सा अभ्यास के रूप में, एक एक प्रारंभिक निराशा या विफलता का समाधान किया जा सकता है कि लगता है, लेकिन है कि प्रारंभिक चरण के संकल्प पर दोबारा गौर करने की आवश्यकता हो सकती है. तर्कहीन विचारों के सुदृढ़ीकरण के वर्षों पढ़ना नहीं या बाधित करने के प्रयास के एक महान सौदा ले मानव तर्कहीनता एक अपेक्षाकृत कम अवधि

(Dryden और डेविड, 2008) में नई जनकारी सीखने की तुलन में अक्सर मजबूत है. यह पिछले चिकित्सकीय अनुभवों के रखरखव के उद्देश्य के लिए पहले के एक परिवर्तन को दोहरान, इसलिए अवश्यक है.

तर्क से अतीत की समस्यओं के समधन के लिए, ग्रहक वपस कदम और एक नए परिप्रेक्ष्य हसिल करने के लिए प्रयस करन चहिए. इस नए परिप्रेक्ष्य तर्क और तर्क में से एक है. ऐस करने में ग्रहक सहयत, चिकित्सक ग्रहक के सथ एक वस्तविक और प्रमणिक संबंध बनाए रखन होग. ग्रहक के सथ प्रमणिक होने में, चिकित्सक चिकित्सक और ग्रहक (फिर भी, 2006) के बीच बतचीत में तर्क लने में सक्षम है. चिकित्सक ग्रहक अपने maladaptive अनुभवों के मध्यम से विकसित किय गय

है कि तर्कहीन विश्वासों और विचारों को आगे नहीं करता. चिकित्सक कारण और स्पष्ट सोच का एक नया मार्ग नीचे ग्राहक की ओर जाता है. पिछले संकट की विफलताओं ग्राहक को जानने और उनके व्यवहार को समायोजित करने की अनुमति है कि अनुभवों से ग्रस्त हैं कि उन से अनुभवों बंद हो जाएगा कि एक तरह से जांच की जाएगी.

पिछले संकट की विफलताओं को संबोधित में, ग्राहक बिना शर्त आत्म स्वीकृति बनाए रखना चाहिए. अतीत के अनुभवों और कमियों को अतीत में हैं. पूरी तरह से क्या हुआ था बदलने के लिए किया जा सकता है कि वहाँ कुछ भी नहीं है. हालांकि, वर्तमान और भविष्य बदल जा सकता है, और व्यक्ति वर्तमान और (Elis, 2005) आगे जाने में खुद को स्वीकार करने की आवश्यकता होगी. अतीत की अनदेखी के

विचर अतीत की जंच करने के लिए उत्य हो लग सकत है, लेकिन दो प्रक्रियओं वर्तमन बदलने की अत्यधिक प्रभवी सधन क उत्पदन गठबंधन. वह य वह बन दिय है और व्यक्ति एक स्थिति दृष्टिकोण जिस तरह क एहसस करने के लिए कि गलतियों से सीखने के लिए पिछले परख होती है. व्यक्तिगत, इसलिए, वे अम तौर पर वे बर्तव करने के अधी रहे हैं मुद्दे और maladaptive ढंग दृष्टिकोण होग जिस तरीके के बरे में पत है. इस समझ के सथ, व्यक्ति तर्क से उसके व्यवहार की जंच कर सकते हैं. तर्क से व्यवहार की जंच में, व्यक्तिगत सोच क एक नय और स्वस्थ तरीके से विकसित कर सकते हैं. सोचने क यह नय स्वस्थ तरीके से परिवर्तन के उत्पद है.

सुखवादी जीवन शैली

प्रारंभिक ध्यान की समस्या है, लेकिन यह भी जीवन के अन्य क्षेत्रों में न केवल प्रभाव है कि प्रभाव पैदा करता है कि एक प्रभाव बनाने के लिए, इस दृष्टिकोण एक सुखवादी जीवन शैली जीने के लिए ग्राहक को प्रोत्साहित करती है. जीवन शैली अल्पकालिक अर्थ में, लेकिन एक लंबे समय तक ढंग से सुखवादी नहीं है. Unbeneficial है कि एक अल्पकालिक खुशी के लिए विरोध के रूप में समय की एक लंबी अवधि में व्यक्ति को लाभ है कि व्यवहार और विचार प्रक्रिया पर लंबे समय तक उल्लास फोकस. लंबी अवधि के उल्लास की प्रक्रिया के माध्यम से, व्यक्तिगत उच्च हताशा सहिष्णुता और (एलिस, 2005) जीवन भर होता है की एक निरंतर स्वीकृति का अनुभव होगा. दीर्घकालिक खुशी पर ध्यान केंद्रित व्यक्ति के लिए जीवन की गुणवत्ता बढ़ जाती है. अन्य उपचारों अक्सर समस्याग्रस्त

लक्षणों में से केवल कमी पर ध्यान केंद्रित. इस तरह के उपचर ग्रहक के लिए एक बेहतर हलत क भ्रम पैद करने के लक्षणों क अल्पकलिक हेरफेर द्वर विशिष्ट समस्य को हल. ऐस करने में, एक अल्पकलिक समधन केवल एक अलग तरीके से प्रकट होग लक्षण की प्रस्तुति की घटन य समस्य की जड़ में देरी होगी. मुद्दे की धरण य मूल करण अभी भी बनए रख है.

उत्सहजनक दीर्घकलिक खुशी की मंग, व्यक्तिगत समस्य के मूल करण को लंबी अवधि के समधन के सथ स्वस्थ और सुसंगत है कि एक तरह से अपने य अपने विश्वस प्रणली और प्रवृत्तियों क पुनर्गठन होग. उदहरण के लिए, एक रोगी अत्महत्य की प्रवृत्ति और एक अल्पकलिक समधन के परिणम के रूप में एक भंग

संबंध का परिणाम था कि व्यवहार पेश बंद कर सकता है, लेकिन वह अभी भी एक ही अंतर्निहित मान्यताओं और नेतृत्व करने के लिए कि मनोवैज्ञानिक impairments के साथ अपनी अगली संबंध में दर्ज कर सकते हैं पिछले अनुभव से उसकी आत्महत्या ideations. एक लंबी अवधि के सुखवादी दृष्टिकोण आत्मघाती ideations को मानसिक मार्ग नीचे व्यक्ति का नेतृत्व किया है कि अंतर्निहित मान्यताओं को संबोधित करेंगे. यह परिवर्तन केवल अपने वर्तमान संबंधों के बारे में विचारों को भी है लेकिन भविष्य के संबंधों के रूप में अच्छी तरह से प्रभावित नहीं होगा. व्यक्ति की परवाह किए बिना कि क्या रिश्ते का स्वस्थ होना हमेशा के लिए पिछले या का अंत हो गया होगा कि एक अलग मानसिकता के साथ नए भविष्य के रिश्तों में प्रवेश करेंगे. व्यक्ति की मान्यताओं पुनर्गठन व्यक्ति कठिन

परिस्थितियों (एलिस, शघुनैसी, और म्हन, 2002) को संभालने के लिए बेहतर उपकरण के साथ उसे प्रदान करके अनुभव हो सकता है समस्याओं की एक विस्तृत विविधता के लिए लंबे समय तक खुशी और समाधान बनाता है.

जारी रखने के लिए अर्थ

एक व्यक्ति के लिए अर्थ और उद्देश्य का एक बेकार देखने के लिए जीवन जीने में एक बेकार विकास या परिवर्तन. अर्थ की एक बेकार देखें अवसाद, चिंता, विकारों खाने, और जुनूनी बाध्यकारी विकार (दास, 1998a) सहित कई मानसिक विकारों भर में एक आम धागा के रूप में प्रकट होता है. तर्कहीन विश्वासों अर्थ की एक व्यक्ति की धारणा पर असर कैसे की एक परीक्षा है कि कई व्यक्तियों के

म्नोवैज्ञनिक रोग की स्थिति में गिशवट की व्यख्य कैसे कर सक्ते हैं.

अर्थ के सथ व्यक्ति को उपलब्ध काजन असीत का मूल्यंकन और व्यक्ति की मन्यतओं को बद्लने के द्वारा उल्लिखित परिवर्तन को आगे बढ़ने में सहायत करने के लिए सेव कर सक्त है. उदहरण के लिए, पढ़ाई बुर्जुग विधवओं बद के जीकन में जीकन सथी का नुक्सन (कैरेन और Lowenstein, 2008) के परिणम के रूप में जीकन के लिए उन्के अर्थ पर समझ थी कि पत्न चल है. इस मम्ले में, ग्रह्क वे एक पति के रूप में खेल कि भूम्भिका के लिए कर रहे हैं जे की उन्की परिभाष बंधने के परिणम के रूप में जीकन के पहले चरण के दौरान एक बेमार फ़्हचन क्रिस्ति हो सक्त थ. यह कई चरणें में कुछ ग्रांडिग हो

सकत थ. व्यक्तिगत शर्म बनम स्वयत्त के दौरन खुद को य खुद के बरे में विकसित संदेह नहीं है और मंच पर शक सकत है. व्यक्ति खुद को य खुद के बरे में हीनत मुद्दों लंबी बैठ है. इसके अलव, भूमिक भ्रम व्यक्ति खुद को य खुद अपने मृतक सथी के पति य पत्नी की भूमिक से अलग है कि एक तरीके से कार्य करने में सक्षम है कि एक व्यक्ति पर होने से रोक है कि किशोरावस्थ य जल्दी वयस्कत के दौरन विकसित हो सकत है. जल्दी बेकर अनुभवों व्यक्ति वह कौन थ के बरे में विकसित किय है कि मन्यतओं के नेतृत्व और वह थ कि कैसे वह निभई भूमिकओं के अधर पर समज के सथ बतचीत करने के लिए. इन मन्यतओं अर्थ और उद्देश्य की परिभष के लिए नेतृत्व किय. पति की मौत के बद व्यक्ति वह अपने

जीवनकाल में विकसित किय थ कि मन्यताओं पर आधारित एक उद्देश्य है करने के लिए रह गए हैं.

अर्थ के लिए इलाज में, एक आत्म पहचन के व्यक्ति की कमी को संबोधित करेंगे. ग्राहक वे वे वे कर रहे हैं जो की उनकी परिभष के रूप में भग के सथ जुड़ा हुआ हो गय थ कि की भूमिका संभालने ग्राहक शामिल है कि अतीत के संयुक्त उपक्रम मन जत है कि घटनाओं की समीक्ष करेंगे. अतीत की घटनाओं पर विचार में, ग्राहक वे खेले और जो व्यवहार और पैटर्न वे निभाई गई भूमिका से अलग किय गय है कि व्यक्ति की अनुभूति स्वयं क परिणाम थ कि भूमिका क परिणाम थ सोच की क्य व्यवहार और पैटर्न अलग होग. Existentially मुद्दे की जांच करन, अस्तित्व शून्य अतीत के अनुभवों से अनुभवों अलग करन

होग कि एक तरह से भविष्य और वर्तमन के अनुभवों को बदलने के बरे में व्यक्ति के तर्कहीन विश्वसों से बनय गय थ कि अज्ञत के एक राज्य व्यक्ति उनकी समझ और वर्तमन आधरित गय है maladaptive विश्वसों.

नई मन्यतओं के लिए अर्थ के सथ ग्रहक प्रदन करने के लिए, ग्रहक अधिक नए दर्शन के स्वीकर किय जएग. नय अर्थ व्यक्ति की पूर्व तर्कहीन विश्वसों जगह ले ली है कि नए तर्कसंगत मन्यतओं क समर्थन करने के क्रम में नए दर्शन के सथ सहयक और अनुकूल होने की अवश्यकत होगी. ग्रहक की ओर निर्दिशित है कि नय अर्थ और विश्वस व्यक्ति के लिए एक पूर्ण अस्तित्व क समर्थन किय जन चहिए. नय अर्थ वे अलग और दूसरों से अद्वितीय हैं, और एक समझ है कि, के रूप में अच्छ है एक सच्चे अत्म, खुद

की स्वीकृति य खुद ज रहा हे की एक नई भूमिका के सथ ग्रहक प्रवन केरेग नए और अज्ञत घटनओं की अरे जैकन में अगे जरी रखने के लिए एक उद्देश्य (Längle, 2005). इन चर शर्तें क्विसें और व्यक्ति के अर्थ में प्रवन की जती हैं एक बर, ग्रहक अगे ज रही एक पूर्ण अस्तित्व का अनुभव होग.

एक अर्थ है कि केवल करण maladaptive क्विसें पर fixations को जैकन के लिए एक अर्थ खे दिय है, जे जैकन के बद के चरणें के सथ संघर्ष कर रहे हैं, जे पुराने ग्रहकों के लिए चिकित्सीय उद्देश्यें है क्विर कर सक्ते हैं. अर्थ और उद्देश्य सभी व्यक्तियें के लिए आवश्यक है. एक युव किशोर क्व अच्छ ग्रेड प्रप्त करने के लिए स्कूल के पस जन चहिए का मन्न है कि हो सक्त है, लेकिन

व्यक्ति अच्छ ग्रेड के लिए कोई उद्देश्य य अर्थ है ते विश्वस स्कूल में भग लेने के लिए उसे प्रभवित करने के लिए अप्रसंगिक है. अर्थ ढूँढन अर्थ की तलश में हैं, जे युव, लत से उबरने के व्यक्ति, अर्थ खे दिय है, और जे बुजुर्ग सीम, अवसद, चिंत, य अन्य मनसिक बीमरियें की एक सरणी से पीड़ित व्यक्तियें (वास, 1998b के लिए अवश्यक है). व्यक्तियें एक अपने तर्कहीन विश्वसें की समझ और कैसे विश्वसें विकसित के सथ अर्थ प्रदन की जती हैं, ते चिकित्सकीय प्रक्रिय एक अधिक स्थयी प्रभव पड़ेग.

मुद्दे से भिड़ने

व्यक्ति के लिए जीवन को बेहतर बनने, अधिक बस से किय जन चहिए कि वहाँ एक समस्य है कि

सम्झते हैं. इस दृष्टिकोण के तीन सिद्धंतों के अधार पर, व्यक्ति वह है य वह सम्मन कर रहा है कि समस्य का पूरी तरह से सम्झ विकसित की है. पूर्वव्यापी व्यक्तिगत जीवन की जंच से, व्यक्तिगत maladaptive देखने के विकास के चरणों के दौरान अतीत और वर्तमन संकट के दौरान विकसित किय गय थ कि कैसे सम्झते है. तर्क से व्यक्ति के विश्वास प्रणली के मध्यम से तर्क से, व्यक्तिगत वे illogically अधारित हैं कि तर्कहीन विश्वसों के अधार पर बेचैनी पैदा कर रहे हैं कि कैसे सम्झते है. अर्थ और उद्देश्य की एक खोज के मध्यम से, व्यक्ति की जंच की और जीवन में अपने य अपने अर्थ उसके जीवन एक के लिए एक अस्वास्थ्यकर से विश्वास प्रणली बदलने के बद किय जएगा कैसे की नई दर्शन के लिए अनुकूल होने के लिए समयोजित किय ज सकत है कि सम्झ में आ गय

है स्वस्थ प्रणली. अभी भी व्यक्तिगत समस्य क सम्मन करने और उसके य उसके जीकन में परिर्वतन क उत्पादन होग.

टकराव के बिंदु तक, व्यक्तिगत समस्य के सथ टकराव के जीवित रहने के लिए उपकरणों की एक सरणी के सथ प्रदान की गई है. व्यक्ति खुद के सथ इस मुद्दे क समधन करन चहिए, जिस पर एक बिंदु अस. इस ग्रहक के लिए एक असन काम नहीं है. व्यक्ति अपने अतीत पहल शब्दों के सथ अय और यह पहले से ही हुआ है के रूप में अतीत को बदल नहीं ज सकत है कि एहसस करन होग. अतीत की गलतियों से सीख है, लेकिन जीकन क एक बेहतर गुणवत्त के लिए पर डेरा नहीं किय ज सकत है. अतीत में यह क्य है के लिए स्वीकार कर लिय

और थ और इससे अधिक कुछ नहीं किय जएग. ग्रहक वह य वह अतीत की गलतियें का अनुभव है जे एक के रूप में एक ही व्यक्ति के रूप में अगर लगत है ते चिकित्सक से पूछ सकते हैं. यह वे अलग हैं और अलग हे सकत है कि एहसस करने के लिए ग्रहक पने के लिए अपने एंकड सवलें के मध्यम से कुछ मर्गदर्शन और तर्क लग सकत है. इस बिंदु से, ग्रहक के विश्वसें के बरे में एक नय दर्शन का पत लगाय और विकसित किय गय होग. ग्रहक पूर्व के अनुभवें की तुलन में एक अलग ढंग से समस्य का समन करेंगे. पहले उपचर के लिए, ग्रहक इस तरह के बेकार भवनओं और irrationalities उत्पदित कि घटन य तर्क से भिड़ने के परिणम के रूप में निराश, भय, य आतंक का अनुभव हे सकत है. ग्रहक अब एक तैयर ढंग से समस्य का समन करेंगे. उन्होंने कह कि वह

समस्या को दूर करने और अंत में एक बेहतर व्यक्ति हो जाएगा समझ जाएगा.

भिड़ने और समस्या को स्वीकार करते हैं, ग्राहक भी परिवर्तन स्वीकार करेंगे. व्यक्तिगत समस्या का सामना करने और वह अब बात समस्या बना देता है कि रास्ते में अपने दृष्टिकोण और अर्थ बदल जाएगा कि निर्धारित करने के लिए आ जाएगा. व्यक्ति भी समस्या अभी भी अपने जीवन में मौजूद है कि निर्धारित करने और अपनी उपस्थिति को स्वीकार करते हैं, लेकिन वह समस्या वह अभी भी असर मौजूद करने में सक्षम है कि एक है कि निर्धारित हो सकता है. उन्होंने यह भी समस्या है उसे कारण बना हुआ है कि में दुख में अर्थ और उद्देश्य को खोजने सकते हैं; हालांकि, उनकी मान्यताओं के तर्कहीन और तर्कसंगत पहलुओं की एक बेहतर

सम्झ के सथ, व्यक्तिगत समस्य के द्वरा बनई मुद्दों से निपटने के लिए बेहतर करने में सक्षम हो जएग. उदहरण के लिए, एक अदमी अपनी पत्नी के नुकसन पर दुः ख थ. यह उसे अपने दैनिक कामकाज प्रभवित है कि बहुत दुख और अवसद क कारण बन. हालत पर विचर करने के बद, वह अपने दुख से बहर रहने वले उसकी पत्नी के बोझ से उसके असर के परिणामस्वरूप क्योंकि वह वह पर ज रहा थ कि दुः ख और हानि क अनुभव नहीं होत कि इतना उसके बिन जीन होने की उनकी पीड़ा में अर्थ पय उसके निधन. उसके परिप्रेक्ष्य से बदल रहा है, अदमी अपने दुः ख में अर्थ पय, और उसकी पीड़ा में वह अपनी स्थिति को अर्थ दिया और उसके परिप्रेक्ष्य (फ्रेंकल, 1963) बदल गय थ क्योंकि यह मौजूद थ, भले ही सथ निपटने के लिए और अधिक असन थ.

इस टकराव अलग अलग दृष्टिकोण में नमें की एक किस्म के द्वारा करने के लिए भेज, लेकिन घटन परिवर्तन पैदा करत है जे कि किय गय है. अस्तित्ववादी Kairos रूप में इसे देखें. मनोविश्लेषक एक मुद्दे के मध्यम से काम कर रहा है, जबकि ग्रहक अंतर्दृष्टि जे लभ में फल को देखें. तर्कहीन विचारों बाधित कर रहे हैं और एक नय दर्शन स्वीकर किय जत है जब संज्ञनत्मक चिकित्सक परिवर्तन फल पर विचार करें. मनोसमजिक logotherapy सभी तीन पहलुओं में से एक संयोजन है, इस समय परिवर्तन की फल बस है. ग्रहक केवल एक कोण से एक समस्य क सम्मन करन पड़ और दृष्टिकोण के कोण टूट य समस्य के मध्यम से तोड़ने के लिए कफी प्रभवी है, उम्मीद है कि नहीं किय जएग. व्यक्तिगत समस्य के असपस के और अपने जीवन में अतीत और maladaptive घटनक्रम की

यदें से भिड़ने किय जएग, दैनिक उसे पीड़ है कि वर्तमन मन्यतओं, और समस्य उसके अर्थ के संबंध के सथ प्रभवित हो रह है कि भविष्य की दिश के बरे में चितओं. इस तरह से इस मुद्दे को संबोधित करते तर्कहीन सेच की पूरी नींव नीचे आँसू लेत है और व्यक्ति को एक बेहतर भविष्य के लिए एक नई दिश प्रदन करत है.

संस्कृति और लिंग संवेदनशीलत

मनोसमजिक विकस सिद्धंत अक्सर तो और अधिक विकस के अन्य सिद्धंतों से इस तरह के विकस को Freudian psychosexual चरणों के रूप में संस्कृतियों भर में लगू किय ज रह है के रूप में उल्लेख किय गय है. विकस की Eriksonian देखने हो विकस क एक स्पष्ट समझ प्रदन नहीं की है, लेकिन यह भी प्रमुख

संस्कृति किस देखे जिस तरह (Douvan, 1997) बदल गय है. किस के चरण के दौरान, एक संस्कृतिक पहचन एक ही चरणें के मध्यम से एक समन पेशन में है कि किसिस नेट कर सक्ते हैं. यह महिलओ के सथ ही पुरुषें के किस के प्रति सम्मन बनाए रख सक्ते हैं ते झसी तरह, म्नोसमजिक दृष्टिकोण एक लिंग पूर्वग्रह से बचने के लिए प्रयस करत है.

विभिन्न संस्कृतियें, लिंग, य यौन झुकाव के व्यक्तियें के सथ कम करते हैं, एक वे किस के रूप में व्यक्तियें को प्रवन की जती हैं कि समजिक रूप से जिम्मेदार मन मन्खें को समझने के लिए प्रयस करन चहिए. इन मन्खें धरण और व्यक्तियें की मन्यतओ को प्रभवित. उहरण के लिए, एक communalistic संस्कृति में

उठय गय है कि एक व्यक्ति एक व्यक्तिपरक समज से किसी से उसकि पहचन की एक अलग परिभष है की संभवन है. Communalistic संस्कृति से व्यक्ति अपने परिवर और गैर communalistic संस्कृति से व्यक्ति से पड़ोसियें के सथ की पहचन करने के लिए और अधिक होने की संभवन है. व्यक्ति के लिए महत्वपूर्ण है क्य की मन्यतओं भी इन संस्कृतिक प्रभवें से प्रभवित होग. एक communalistic संस्कृति में व्यक्ति अधिक अपने ही अपन उन्नति के लिए विरोध के रूप में समूह की अच्छी से चिंतित होग. इन जैसे करक विभिन्न संस्कृतियें से लेग हैं, जे की परस्परिक कुंठओं पर प्रभव पड़ सकत है. कुछ संस्कृतियें के टकरव और संघर्ष को हतोत्सहित. इन संस्कृतियें में, एक ग्रहक बदलव करने ज लग सकत है; लेकिन वस्तविकत में, ग्रहक केवल चिकित्सक चिकित्सक

के सथ टकराव से बचने के लिए बदलव क उदाहरण होग मन्न है कि जवाब के सथ चिकित्सक उपलब्ध कराने के लिए हो सकते है. मन्यतओं के इन प्रकार के चिकित्सकीय रिश्ते की दिश पर एक महान प्रभव पड़ेग.

विकास और विश्वसें के अलव, ग्रहक की संस्कृति और लिंग भी अर्थ और उद्देश्य के लिए ग्रहक की समझ पर कफि प्रभव पड़त है. उस संस्कृति में उसकी भूमिक है कि उसे बतय गय है क्य है के रूप में पश्चिमी समज में एक महिल ग्रहक एक मं और एक पत्नी होने की भूमिक में एक असन समय लग अर्थ हो सकत है. इस वह उसकी संस्कृति उससे कह गय है से संबंधित कर सकते हैं कि एक भूमिक है, वह असनी से उन्हें मजबूत, स्वतंत्र, और सफल होने में यह परिणम है कि एक तरह से अपने बच्चों की

देखभल में अर्थ प सक्ते हैं. एशियई संस्कृतियें में, महिल और अधिक असनी से काम कर रहा है और एक परिवर के लिए विरोध के रूप में एक सफल कैरियर के विकास के द्वार समज में योगदान करने में अर्थ मिल सकत है.

एक चिकित्स के लिए इस दृष्टिकोण के सथ समझने के लिए अनुमति देत है कि फार्मूले में फिट कि मूल्यें और विश्वसें पर दृष्टिकोण में परिवर्तन के प्रभवें पर विचर करन चहिए. चिकित्स की संरचन, चरणें में संघर्ष के मध्यम से व्यक्ति कि विकसित में ही रहत है तर्कसंगत और तर्कहीन विश्वसें बनत है, और उन मन्यतओं पर अधरित अर्थ और उद्देश्य प्राप्त है. परिवर्तन चिकित्स की संरचन करने के लिए नहीं है, लेकिन अस्तिक्कि लगत है कि क्य करन है और उस संस्कृति में उसके य उसकी संस्कृति

और भूमिक की वजह से और भी बहुत व्यक्ति को तर्किक और समन्य लग सकत है maladaptive. ग्रहक यह स्वीकर अस्वीकर, य अपने समज और संस्कृति समन्य है क्य की परिभष के रूप में उन्हें प्रदन की गई है क्य सवल करने के लिए अपनी पसंद है कि एहसस करने के लिए इस तरह के संस्कृतिक बधओं पर कबू पने के लिए महत्वपूर्ण है. यह प्रक्रिय, विकस की जंच मन्यतओं से भिड़ने, और अर्थ खोजने की प्रक्रिय के सभी पहलुओं के मध्यम से समवर्ती हो जन चहिए.

सरांश

मनोसमजिक logotherapy के दृष्टिकोण व्यक्ति के समग्र कर्य में सुधर लने पर केंद्रित है कि इलज के लिए एक अनूठ तरीक प्रदन करत है. इस सुधर

को पूरा करने के लिए, दृष्टिकोण अतीत या वर्तमान की शिथिलता न केवल संबोधित द्वारा परिवर्तन का उत्पादन करने के लिए प्रयास करता है, लेकिन यह अतीत, वर्तमान और भविष्य का परीक्षण करके परिवर्तन का उत्पादन करने के लिए प्रयास करता है. लोग अपने अतीत से बहुत कुछ सीख सकते हैं. दृष्टिकोण अतीत और maladaptive व्यवहार और प्रवृत्तियों में समय के साथ विकसित हो सकता है कि कैसे को समझने के लिए विकास के मनोसामाजिक चरणों के उपयोग के माध्यम से व्यक्ति का विकास परख होती है. अतीत की परीक्षा उनके व्यवहार के पैटर्न और सोच था की इस तरह के पैटर्न बनाया है हो सकता है कि तर्कहीन उदाहरणों को नोटिस व्यक्ति के बारे में जागरूकता उठाती है.

दृष्टिकोण व्यक्ति वर्तमान में अपने या अपने दैनिक जीवन के लिए लागू है कि वर्तमान मान्यताओं से भिड़ने से वर्तमान का ध्यान लेता है. चिकित्सक चिकित्सक के आधार पर कर रहे हैं कि तर्कसंगत सिस्टम को विसंगत कनेक्शन पर आधारित तर्कहीन प्रणाली से विश्वास की उनकी प्रणाली, भिड़ने पुनः निर्देशित, और बदलने में ग्राहक सहायता करने के लिए अनुमति देने के लिए प्रामाणिक जा रहा द्वारा विश्वास पर बनाया गया है कि ग्राहक के साथ संबंध विकसित ध्वनि, तार्किक निर्णय. इसके अलावा, ग्राहक एक अल्पकालिक ध्यान केंद्रित करने के लिए विरोध के रूप में एक लंबे समय तक मनस्थिति में खुशी की डिग्री में वृद्धि पर ध्यान केंद्रित करने के लिए विश्वास की मौजूदा प्रणाली को संशोधित. यह लंबे समय तक ध्यान केंद्रित स्वस्थ निर्णय लेने में व्यक्ति एड्स.

कि मन्यतओं के अधार पर बन रहे हैं कि निर्णय निर्देशन के लिए भविष्य के संबंध में, दृष्टिकोण अर्थ और उद्देश्य प्रदान करत है. इस अर्थ चिकित्स के वर्तमन और अतीत अंश से फोकस पुष्ट. ग्रहक चिकित्स पेशे के रूप में, अर्थ एड्स की समझ चिकित्स करने पर भी दिखई दिय है नहीं हो सकत है कि अन्य समस्यओं के लिए ग्रहक लय कि प्रारंभिक समस्य न केवल के लिए एक दीर्घकालिक समधान बनने के लिए. ग्रहक नए मुद्दों को हल करने और जीवन का एक बेहतर गुणवत्त का अनुभव करने के लिए उपकरणों के सथ नई समस्यओं का समन करने के लिए और अधिक तर्कसंगत विश्वस प्रणली और अपने य अपने स्वयं के विकास की नई समझ के सथ मिलकर जब ग्रहक को अर्थ प्रदान करने पर जोर देत है.

भिन्न संस्कृतियें, लिंग, और यौन झुकाव के लिए जरूरत के रूप में व्यक्ति के इलज के लिए इस बहुआयमी दृष्टिकोण के मध्यम से, चिकित्सक विधि अनुकूलन कर सकते हैं. दृष्टिकोण पुरुषें और महिलओं दोनें के लिए जरूरी है कि तत्वें पर विचर से लिंग भेद को कम करने के लिए प्रयस करत है. इसके अलव, दृष्टिकोण की संस्कृतिक लचीलपन लोगें के विभिन्न समूहें के सथ कम करते समय दृष्टिकोण की एक तकत बनी हुई है. सभी समूहें के बीच जुड़ रहत है कि अंतिम फोकस व्यक्ति के अतीत, वर्तमन और भविष्य और मनोवैज्ञनिक सुधर के मध्यम से जीवन की गुणवत्त में सुधर चिकित्सकीय प्रक्रिय में जोर दिय जत है जिस तरह के बीच संबंध है.

सन्दर्भ

Atalay, एम (2007). संकट के मनोविज्ञान: एरिक्सन की मनोविज्ञान की एक समग्र खत. Ekev शैक्षिक समीक्षा, 11 (33), 15-34.

दास, ए (1998a). फ्रेंकल और अर्थ के दायरे. मानववादी शिक्षा एवं विकास, 36 के जर्नल (4), 199.

दास, ए (1998b). फ्रेंकल और अर्थ के दायरे. मानववादी शिक्षा एवं विकास, 36 के जर्नल (4), 199.

Douvan, ई (1997). एरिक Erikson: म्हत्वर्पूण टइस्स, म्हत्वर्पूण सिद्धांत. बल म्नोविज्ञन औऱ मन्व क्मिस, 28 (1), 15-21.

Dryden, ड्ब्ट्यू, औऱ वउद, डै (2008). वज्ञि भकनत्मक व्य्क्हर थैरेपै: व्क्भन स्थिति. संज्ञनत्मक म्नोचिक्त्सि , 22 की पत्रिका (3), 195-209. Doi: 10.1891 / 0889-8391.22.3.195

एल्सि, ए (2005). क्यें मैं (वस्त्त में) एक चिकित्सक बन गय. नैद्ननिक म्नोविज्ञन के ज्नन, 61 (8), 945-948. Doi: 10.1002 / jclp.20166

एल्सि, ए, श्घ्नैसी, म्यूछत्न पंह, औऱ म्हन, वी (2002). वज्ञि भकनत्मक व्य्क्हर थैरेपै के बरे में अर्बट एल्सि

के सथ एक सक्षत्कार. म्नोविज्ञन के उत्री अमेरिकी जर्नल, 4 (3), 355-366.

फ्रेंक्ल, वी (1963). अर्थ के लिए आदमी की खेज. न्यूयॉर्क, एनवाई: वशिंगटन स्क्वयर प्रेस.

कौरेन, सी, और Lowenstein, ए (2008). स्वर्गीय जीवन विधवापन और जीवन में अर्थ. अंतर्राष्ट्रीय, 32 (2), 140-155 बूढ़े. Doi: 10.1007 / s12126-008-9008-1

Korte, जे, Bohlmeijer, ई, Cappeliez, पी, स्मित, एफ, और Westerhof, जी (2012). एक व्यवहारिक यदृच्छिक नियंत्रित परीक्षण: मध्यम अवसादग्रस्त लक्षणों के सथ पुराने वयस्कों के लिए जीवन की समीक्ष चिकित्स.

मनोवैज्ञानिक चिकित्सा, 42 (6), 1163-1173. Doi: 10.1017 / S0033291711002042

Längle, ए (2005). जीवन और अस्तित्व मौलिक प्रेरित में अर्थ के लिए खोज. अस्तित्व विश्लेषण: अस्तित्व विश्लेषण, 16 (1), 2-14 के लिए सोसायटी के जर्नल.

LACHMANN, एफ (2004). पहचान और स्व. मनोविश्लेषण, 13 के अंतर्राष्ट्रीय फोरम (4), 246-253. Doi: 10.1080 / 08037060410004700

फिर भी, ए (2006). समझदारी और REBT. संज्ञानात्मक और व्यवहार मनोचिकित्सा के जर्नल, 6 (1), 5-10.

www.ingramcontent.com/pod-product-compliance
Lightning Source LLC
Chambersburg PA
CBHW020906310526
45786CB00018B/1897
9781500782214